रवींद्रनाथ टैगोर

Om KIDZ
An imprint of Om Books International

Published in 2016 by

Om KIDZ
An imprint of Om Books International

Corporate & Editorial Office
A 12, Sector 64, Noida 201 301
Uttar Pradesh, India
Phone: +91 120 477 4100
Email: editorial@ombooks.com
Website: www.ombooksinternational.com

Sales Office
107, Ansari Road, Darya Ganj,
New Delhi 110 002, India
Phone: +91 11 4000 9000
Fax: +91 11 2 7 8091
Email: sales@ombooks.com
Website: www.ombooks.com

Illustrations by Aadil Khan, Arun Singh, Madhu Dubey, Suman Dubey

ISBN : 978-93-84225-21-6

Printed in India

10 9 8 7 6 5 4 3 2 1

अनुक्रम

पारिवारिक पृष्ठभूमि

साहित्य का नोबेल पुरस्कार पाने वाले पहले भारतीय रवींद्रनाथ टैगोर बहुमुखी प्रतिभा के धनी थे।

वे कवि, लेखक, चित्रकार और दार्शनिक थे। उनका जन्म 7 मई 1861 को कोलकाता में जोड़ासाँको में हुआ था।

वे देवेंद्रनाथ टैगोर और शारदा देवी की तेरह जीवित रही संतानों में सबसे छोटे थे।

रवींद्रनाथ के एक आरंभिक पूर्वज पंचानन को ईस्ट इंडिया कंपनी के साथ व्यापार करने का अवसर मिला था जिससे उनके परिवार का भविष्य सँवर गया और वे लोग बहुत समृद्ध हो गए।

वे आधुनिक कोलकाता के गोविंदपुर इलाके में बस गए, जहाँ उन्हें निचली जाति के स्थानीय लोग ठाकुर कहने लगे, जो उनके परिवार का कुलनाम ही हो गया।

टैगोर परिवार सफल व्यापारिक घराना बन गया और कोलकाता के पास सिलाईदह में विशाल कोठी में रहने लगा।

रवींद्रनाथ के दादा द्वारकानाथ टैगोर काफी प्रसिद्ध व्यक्ति थे। उनके जीवन में टैगोर परिवार बहुत फला–फूला। द्वारकानाथ को शानदार जीवन शैली तथा परोपकारी स्वभाव के कारण प्रिंस कहा जाता था। उन्होंने नील, शोरा, कोयला खदान, चाय, चीनी आदि के व्यापार के ज़रिए बहुत समृद्धि हासिल की।

उन्होंने भारतीय पूँजी के साथ पहले आधुनिक बैंक (यूनियन बैंक) की स्थापना की थी और राष्ट्रीय पुस्तकालय, प्रेसीडेंसी कॉलेज जैसी अनेक संस्थाओं की स्थापना और संचालन में सहायता की।

द्वारकानाथ सामाजिक और धार्मिक सुधारों के भी कड़े समर्थक थे। राजा राममोहन राय के सती प्रथा उन्मूलन अभियान को उन्होंने भरपूर समर्थन दिया था।

दूसरी ओर, उनके पुत्र, और रवींद्रनाथ के पिता देवेंद्रनाथ टैगोर सादगी पसंद और धर्मात्मा व्यक्ति थे। वे राजा राममोहन राय के ब्रह्म समाज में शामिल हो गए थे।

ब्रह्म समाज ने मूर्ति पूजा का त्याग किया और उपनिषदों में बताए अनुसार हिंदू संस्कृति के सिद्धांतों का समर्थन किया। कर्ज़ में डूबे अपने पिता की मृत्यु के बाद देवेंद्रनाथ ने अपने पारिवारिक ट्रस्ट की सहायता से कर्ज़दाताओं का कर्ज़ चुकाने का फ़ैसला किया। इससे उनके परिवार का वैभव काफी घट गया। हालाँकि, लोग उन्हें आदर से महर्षि कहने लगे थे।

अपने दादा और पिता का रवींद्रनाथ पर गहरा प्रभाव पड़ा। रवींद्रनाथ ने अपने दादा से समाज सेवा के प्रति जोश, कलाप्रेम और उदारता की भावना के गुण ग्रहण किए। अपने पिता से उन्होंने उपनिषदों के श्लोकों के स्पष्ट उच्चारणों से भरपूर सादा और नियंत्रित जीवन तथा धार्मिकता के गुण लिए, जो कि उस समय हिंदुओं की पहचान मानी जाती थी।

एकाकी बचपन

रवींद्रनाथ का बचपन उत्तरी कोलकाता में चिटपुर रोड पर जोड़ासाँको में अपने पैतृक गाँव में बीता। टैगोर परिवार के मकान में हमेशा चहल–पहल बनी रहती थी। अंदर के हिस्से में लोग अपने काम पर जाने की तैयारी में रहते थे, और बाहरी हिस्से में चिंतक, कवि और विद्वान बौद्धिक विमर्श करते रहते थे।

उस दौर के समृद्ध परिवारों के अनेक बच्चों की तरह रवींद्रनाथ को माता का सानिध्य बहुत कम मिला और पिता भी अक्सर तीर्थयात्रा पर निकल जाते थे। उनका शुरुआती बचपन नौकर–चाकरों की देखरेख में बीता। उनके भाई–बहन उनसे काफी बड़े थे, इसलिए उनके भी साथ वो नहीं रह पाते थे।

रवींद्रनाथ बड़े लोगों की दुनिया को ललचाई नज़रों से ही देख पाते थे जिसमें बुद्धिजीवी और कलाजगत के लोग शामिल थे।

दिन का समय अकेले ही सबको देखते रहने और सोचने में बीतता था, तो शाम का समय नौकरों के हॉल में बीतता था, जहाँ एक नौकर रामायण का पाठ करता था और ख़तरनाक डाकुओं की रोमांचित कर देने वाली कहानियों से बच्चों का मनोरंजन किया करता था।

पढ़ाई–लिखाई

रवि (रवींद्रनाथ टैगोर) की औपचारिक पढ़ाई बहुत कम हुई। कक्षा की चहारदीवारी में बैठकर पाठ रटना, और शिक्षकों के पढ़ाने का नीरस अंदाज़ उन्हें कभी पसंद नहीं आया और बहुत कम उम्र में ही उन्होंने पाठशाला जाना छोड़ दिया था।

इसके बजाय, उनके एक बड़े भाई हेमेंद्रनाथ ने उनके लिए घर पर ही पढ़ाई और कड़ी शारीरिक मेहनत वाली दिनचर्या तय कर दी।

उनकी दिनचर्या एकदम निर्धारित रहती थी। उन्होंने पहले बांग्ला में पाठ पढ़े।

सुबह वे कुश्ती के दाँव–पेंच सीखते थे। इसके बाद बीजगणित से लेकर शरीर रचना विज्ञान जैसे विषय पढ़ते थे।

पढ़ाई के बाद एक घंटे वे व्यायामशाला में बिताते थे और फिर उसके बाद चित्रकला सीखते थे।

अंग्रेज़ी की पढ़ाई तो उनकी किशोरावस्था में ही शुरू हो सकी थी। इस तरह से, बालक रवि ने वह सब सीख लिया जो उन्हें किसी विद्यालय में भी सीखने को न मिलता।

उन्हें पढ़ने का बहुत शौक था। कालिदास और रहस्यवादी वैष्णव प्रेम–कवियों के अलावा, रवि को शेक्सपियर ने भी काफी प्रभावित किया। यूरोपीय साहित्य का भी उन्होंने अच्छा–ख़ासा अध्ययन किया था।

टैगोर परिवार वास्तव में विश्व–बंधुत्व वाला परिवार था जिसमें जर्मन में गेटे, फ्रांसीसी में मोपासाँ और संस्कृत में कालिदास के साहित्य को पढ़ा जाता था। बालक रवि को ऐसा ही उन्मुक्त सांस्कृतिक वातावरण मिला और उसने आठ वर्ष की आयु में ही कविताएँ लिखना शुरू कर दिया था।

रवि अपने विख्यात पिता और भाइयों के सानिध्य में परिवार के बहुमुखी प्रतिभा के परिवेश में बड़े होते गए। उनके भाई द्विजेंद्रनाथ कवि, संगीतकार और गणितज्ञ थे, सत्येंद्रनाथ सिविल सेवा के पहले भारतीय अधिकारी थे, बहन स्वर्ण कुमारी लेखिका और महिला अधिकारों की जानी–मानी पक्षधर थीं, तथा एक और भाई ज्योतिरींद्रनाथ नाटककार और संगीतकार थे।

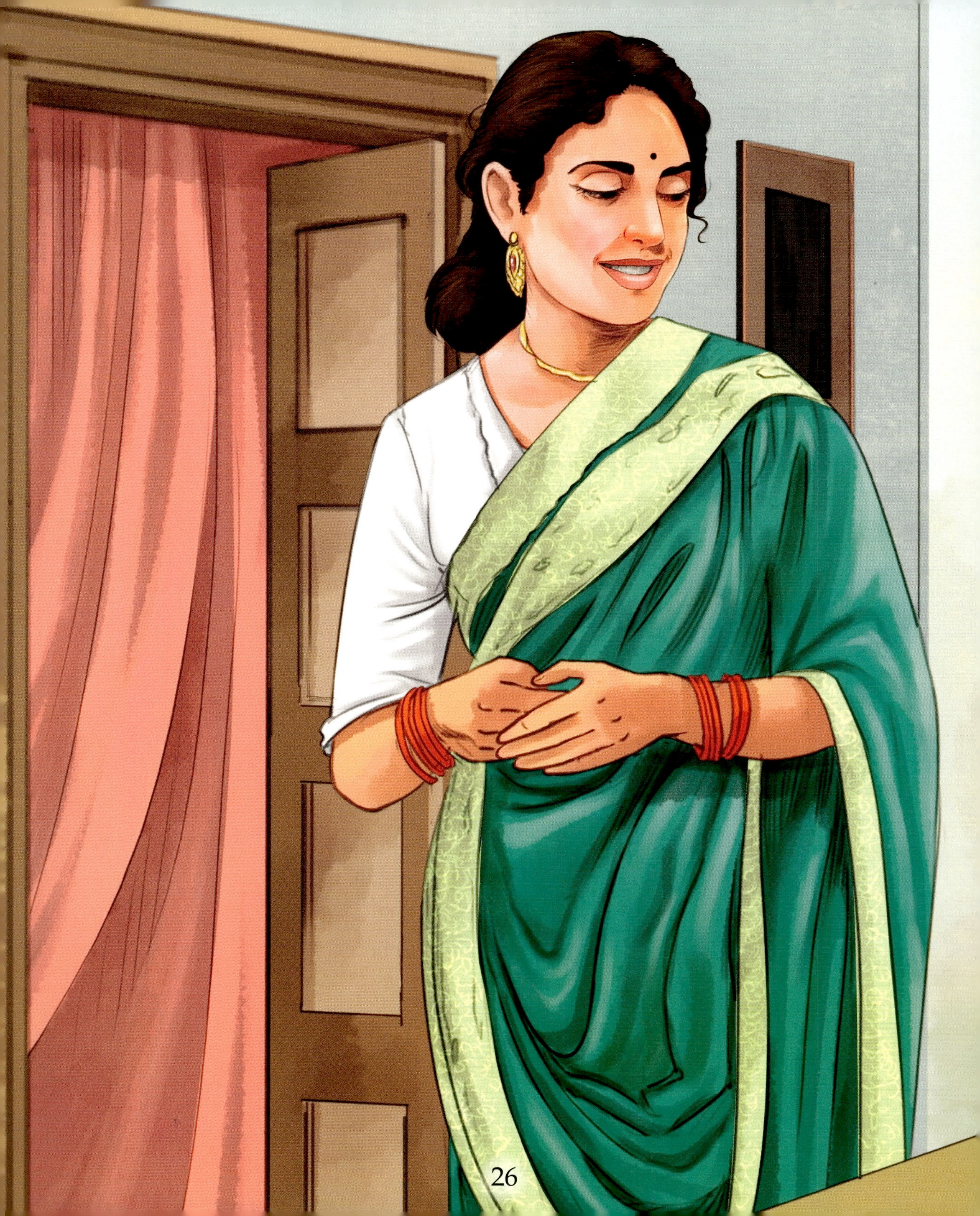

ज्योतिरींद्रनाथ ने रवि को सोलह साल की उम्र में ही अपनी साहित्यिक मासिक पत्रिका *भारती* के संपादक मंडल में शामिल कर लिया था। ज्योतिरींद्रनाथ की पत्नी कादंबरी देवी रवि की मित्र, सलाहकार और विश्वसनीय थीं। उन्होंने रवि को और ज़्यादा लिखने के लिए प्रोत्साहित किया।

यात्राएँ

1873 में रवींद्रनाथ का उपनयन संस्कार हुआ जिसके बाद उनके पिता उन्हें अपने साथ हिमालय की यात्रा पर ले गए। एकाकी रहे बालक के लिए यह सपने के साकार होने जैसा था।

वे लोग शांतिनिकेतन गए, उसके बाद अमृतसर और हिमालय की गोद में बसे डलहौजी पहुँचे। इस यात्रा ने रवींद्रनाथ को एक नई दुनिया देखने का मौका दिया। उनके आनंद की सीमा न रही।

किशोरावस्था के अंतिम वर्षों में रवींद्रनाथ ने अहमदाबाद में साबरमती नदी के पास एक बड़े मकान में चार माह व्यतीत किए। वहाँ उनके भाई सत्येंद्रनाथ जज के रूप में तैनात थे। अध्ययनशील रवींद्रनाथ ने इस दौरान अपने भाई के शानदार पुस्तकालय का पूरा लाभ उठाया।

यहीं पर रवींद्रनाथ ने गीतों की रचना शुरू की। यह काम उन्हें जीवन भर पसंद रहा।

1878 में, दोनों भाइयों ने इंग्लैंड की यात्रा की। रवि ने तीन माह तक लंदन के यूनिवर्सिटी कॉलेज में फैकल्टी ऑफ आर्ट्स एंड लॉ में पढ़ाई की और 1880 में वे बिना औपचारिक उपाधि लिए भारत लौट आए।

यूरोप में रहने के दौरान उन्होंने जो पत्र लिखे, वो *माय रेमनिसंसिज़* नामक पुस्तक में संकलित हुए। इन पत्रों में उन्होंने संवेदनशील तरीके से अपने जीवन के अनुभवों को व्यक्त किया।

1878 और 1932 के बीच उन्होंने पाँच महाद्वीपों के तीस देशों की यात्राएँ कीं।

उन्होंने ये यात्राएँ अपनी शिक्षा को विस्तार देने तथा विश्व संस्कृति और साहित्य को जानने–समझने के लिए की थीं। हालाँकि, युद्ध तथा उग्र राष्ट्रवाद का विरोध करना, अंतर–सांस्कृतिक सद्भाव का प्रचार करना, और विश्व भारती विश्वविद्यालय के लिए धन जुटाने का उद्देश्य भी उनके लिए समान रूप से महत्वपूर्ण था।

युवा कवि

इंग्लैंड से लौटने के बाद रवींद्रनाथ ने नाटककार, गीतकार, कवि, दार्शनिक और सामाजिक टीकाकार के रूप में अपना जीवन आगे बढ़ाना जारी रखा।

जब उनके भाई ज्योतिरींद्रनाथ और भाभी कादंबरी लंबी यात्रा पर गए तो रवींद्रनाथ ने सडर स्ट्रीट स्थित उनके कमरों में रहना शुरू कर दिया। वहीं पर उन्होंने पहली बार अपने पसंदीदा कवि बिहारीलाल की तीन मात्रा से परे हटकर, सांध्य संगीत की रचना की।

पहली बार, वो दूसरों से प्रशंसा पाने के लिए नहीं, बल्कि स्वयं के सुख के लिए लिख रहे थे। लेकिन उनके गीतों को बंकिम चंद्र चटर्जी जैसे अतिप्रसिद्ध साहित्यकार की सराहना भी मिली।

जीवन की उधेड़बुन के बीच रवींद्रनाथ ने इंग्लैंड की एक और यात्रा की। इस बार भी उनका उद्देश्य कानून की पढ़ाई करना और जीवन में कुछ अलग हटकर करना था। हालाँकि, वे यह यात्रा अधूरी छोड़कर वापस सडर स्ट्रीट आ गए।

रवि ने 1881 में *वाल्मीकि प्रतिभा* और 1882 में *काल मृगया* लिखकर संगीत नाटकों की नई विधा की ही रचना कर डाली। ये पढ़ने या गाए जाने वाले गीतिनाट्य नहीं थे, बल्कि संगीतमय नाटक थे जिनका प्रदर्शन मंच पर किया जाता था।

संगीत और साहित्य में प्रचलीत ढंग के विरोध की रवींद्रनाथ की यह अपनी शैली थी। उन्होंने दोनों की सहायता ली लेकिन हावी किसी को नहीं होने दिया। जब उनका घर में ही पहली बार मंचन हुआ तो उन्होंने इनमें अभिनय भी किया।

विवाह और दुख के पल

1883 में रवि का विवाह भवतारिणी रायचौधरी के साथ हुआ। विवाह के बाद भवितारिणी को मृणालिनी नाम दिया गया।

विवाह के समय रवींद्र की उम्र 22 वर्ष और मृणालिनी की उम्र 10 वर्ष थी। हालाँकि, इसके कुछ ही महीने बाद, रवींद्र की बेहद निकट रहीं उनकी भाभी कादंबरी ने अज्ञात कारणों से आत्महत्या कर ली।

कादंबरी की मौत रवींद्रनाथ के लिए बहुत बड़ी क्षति तो थी, लेकिन इस घटना ने इस युवा कवि को वयस्क बना दिया और उनके अंदर जीवन और मौत की गहरी दृष्टि पैदा कर दी। अब वे जीवन को क्षणिक सौंदर्य के रूप में देखने लगे जिसे अंततः मृत्यु की छाया में समा जाना है।

कुछ अन्य प्रियजनों की मृत्यु का भी सामना रवींद्रनाथ को आने वाले सालों में करना पड़ा। अल्पायु में ही मृणालिनी (1902) की मृत्यु हुई, जिसके बाद उनकी बेटी रेणुका (1903), पिता (1905), और फिर छोटे बेटे समींद्रनाथ (1907), बेटी बेला (1918) और इकलौते पोते नीटू (1932) की मौत हुई।

रवींद्रनाथ के पत्रों से पता चलता है कि वे अपने परिवार को कितना चाहते थे। हालाँकि, उन्होंने इन दुखों को ख़ामोश रहकर दृढ़ता से और प्रार्थना करके सहन किया। मृणालिनी की मृत्यु के बाद जब वे रेणुका की देखरेख कर रहे थे, तब उन्होंने सुंदर और निश्छल कविता *शिशु* लिखी थी। यह कविता तब लिखी गई थी, जब वे गहरे दुख और बेचैनी की वेदना से गुज़र रहे थे।

उन्होंने जितने भी सदमे झेले, उनके लेखन में उतनी ही सादगी और स्पष्टता आती गई। उनका लेखन ऐसा हो गया था जैसे परमेश्वर को कोई भक्त भेंट चढ़ा रहा हो—हर तरह के आडंबर से मुक्त, जिसमें केवल शुद्ध और सच्ची हृदयानुभूति थी।

अंतरराष्ट्रीय पहचान

रवींद्रनाथ के जीवन में एक नया मोड़ 1889–90 में तब आया, जब वे अपनी पारिवारिक जायदाद की देखभाल करने पूर्वी बंगाल गए।

आभिजात्य वर्ग के रवींद्रनाथ वहाँ पर ग्रामीण बंगाल के किसानों के निकट संपर्क में आए। उनकी दयनीय ग़रीबी और असहायता ने उन्हें पिघला दिया। उनके मन में किसानों के कल्याण का गहरा भाव पैदा हो गया।

उनका मानना था कि बाहरी शक्तियों से अधिक, उन सरल हृदय के स्त्री–पुरुषों की दशा उनके अंदर स्वावलंबन की भावना पैदा करके, और उन्हें शिक्षित करके ही सुधारी जा सकती है, ताकि वे स्वयं अपनी ज़रूरतें पूरी करने में सक्षम हो सकें।

उनका मानवतावाद धीरे–धीरे जीवन की रहस्यवादी समझ के रूप में विकसित हो गया, जिसे उस दौर के लोगों में प्रचलित किसी संस्थागत धार्मिक परिभाषा में व्यक्त नहीं किया जा सकता था।

1912 में इंग्लैंड की एक यात्रा में रवींद्रनाथ के मित्र रॉथेनस्टीन ने उनकी कुछ कविताओं का अंग्रेज़ी अनुवाद प्रसिद्ध आयरिश कवि डब्ल्यू बी यीट्स समेत अपने कुछ मित्रों को दिखाया।

इन कविताओं ने इंग्लैंड में हलचल पैदा कर दी। उसी साल ये कविताएँ *गीतांजलि* शीर्षक से प्रकाशित हुईं, जिसकी आकर्षक भूमिका यीट्स ने लिखी थी। इसी पुस्तक के लिए 1913 में रवींद्रनाथ टैगोर को साहित्य का नोबेल पुरस्कार प्राप्त हुआ। यह पुरस्कार पाने वाले वे पहले एशियाई व्यक्ति थे।

1915 में, ब्रिटेन के राजा जॉर्ज पंचम ने उन्हें नाइटहुड की पदवी दी, लेकिन 1919 में उन्होंने अमृतसर में जलियाँवाला बाग हत्याकांड के विरोध में अपनी ये पदवी त्याग दी। इस घटना में ब्रिटिश सैनिकों ने शांतिपूर्ण सभा कर रहे निहत्थे भारतीय लोगों पर गोलीबारी की थी।

जीवन के अनुभव

धीरे–धीरे रवींद्रनाथ बंगाल के बाउल दर्शन से प्रभावित होने लगे। बाउल गायन बंगाल का एक रहस्यवादी लोकगायन है। बाउल संप्रदाय के लिए गीत ईश्वर की आराधना का ही रूप थे। रवींद्रनाथ अक्सर बाउल गायकों से मिलकर उनके दर्शन को समझने की कोशिश करते थे।

रवींद्रनाथ ने 1930 में ऑक्सफोर्ड यूनिवर्सिटी में हिबर्ट व्याख्यानमाला में इस दर्शन पर व्याख्यान दिया था। ये व्याख्यान द *रिलीजन ऑफ मैन* शीर्षक से बाद में प्रकाशित भी हुए।

रवींद्रनाथ के लेखन में समाज सुधार की उनकी इच्छा और स्वतंत्र तथा पूर्वाग्रहमुक्त समाज के लिए उनके विचार की झलक अक्सर मिलती है।

अचलायतन जैसी उनकी पुस्तक में हिंदू समाज की कट्टरता की चर्चा की गई है। नृत्य नाटिका *चंडालिका* में उन्होंने गाँधीजी के छुआछूत विरोधी अभियान का समर्थन किया।

हालाँकि, रवींद्रनाथ और महात्मा गाँधी में कई मामलों में वैचारिक मतभेद था लेकिन दोनों इस बात पर सहमत थे कि हिंदू और मुस्लिमों को मिलकर रहना चाहिए और छुआछूत को कतई सहन नहीं किया जाना चाहिए।

रवींद्रनाथ हर तरह की धर्मांधता और मानवता–विरोध से घृणा करते थे। अंतरराष्ट्रीय राजनीति के स्तर पर भी उन्होंने इन बुराइयों का विरोध किया।

प्रथम विश्वयुद्ध (1914–1918) में राष्ट्रों ने जिस तरह का उग्र राष्ट्रवाद दिखाया, उसके विरोध में व्याख्यान देने वे 1916–17 में जापान, यूरोप और अमेरिका गए।

শান্তিনিকেতন

शांतिनिकेतन और विश्व भारती

रवींद्रनाथ ने 1901 में शांतिनिकेतन विद्यालय की स्थापना की और वहाँ पर अपने मानवीय विचारों को अमल में लाना शुरू किया।

इसका नाम पाठ भवन रखा गया था और आरंभ में इसमें केवल पाँच बच्चे थे। शांतिनिकेतन एक अभिनव प्रयोग था जिसका उद्देश्य हर तरह की पृष्ठभूमि से आए बच्चों को उनकी विरासत और भाषाओं से जोड़ना और हर संस्कृति से अच्छी–अच्छी बातें ग्रहण करना था। उन्होंने विभिन्न संस्कृतियों के ऐसे सुंदर मेल की कल्पना की थी जिसमें गाँव–शहर, राष्ट्र और विश्व एक दूसरे से सीख सकें।

शांतिनिकेतन वास्तव में उस मकान का नाम था जिसे रवींद्रनाथ के पिता ने 1863 में पश्चिम बंगाल के वीरभूम ज़िले में एक शांत और एकांत स्थान पर बनवाया था। बाद में वह पूरा इलाका ही इसी नाम से जाना जाने लगा।

रवींद्रनाथ जब शांतिनिकेतन आए तब उनके साथ बहुत थोड़े बच्चे थे और उन्हें विद्यालय चलाने का कोई अनुभव भी नहीं था।

उनका दृढ़ निश्चय था कि शांतिनिकेतन को वह आत्माविहीन विद्यालयों की तरह नहीं होने देंगे जो बच्चों पर अनावश्यक बोझ डालते हैं। शांतिनिकेतन का मूल आधार स्वतंत्रता था।

शांतिनिकेतन का उद्देश्य अधिक से अधिक लोगों तक पहुँचना था जिनमें भारत के गाँवों की उपेक्षित और किसान आबादी भी शामिल थी।

इसकी विचारधारा में पश्चिमी मूल्य शामिल थे जो देश के समृद्ध अतीत के संसाधनों की पहचान कराते थे, और उनका इस्तेमाल नवीन कला, नए दर्शन और नवीन विचारों में करते थे। शांतिनिकेतन में प्राकृतिक और खुले परिवेश में शिक्षा दी जाती थी, और मिट्टी से जुड़े मूल्य तथा सरल जीवन के तरीकों को प्रोत्साहित किया जाता था।

इसमें विद्यार्थियों के मस्तिष्कों को कलात्मक तरीके से जाग्रत करने पर ज़ोर दिया जाता था और उन्हें अपने आपको स्वतंत्र तथा रचनात्मक रूप से मनपसंद माध्यम से अभिव्यक्त करने के लिए प्रोत्साहित किया जाता था।

वह विद्यालय किसी आश्रम की तरह था जिसमें विद्यार्थी और अध्यापक एक परिवार की तरह रहते थे और देश–विदेश से अलग–अलग तरह के लोगों का वहाँ आना–जाना लगा रहता था।

बाद में रवींद्रनाथ ने शांतिनिकेतन में भारतीय संस्कृति केंद्र भी शामिल किया जिसमें भारत की चेतना के अंग रहे विभिन्न दर्शनों और धर्मों के बारे में व्यवस्थित तरीके से पढ़ाया जाता था। इनके तहत वैदिक, पौराणिक, बौद्ध, सिख, इस्लामिक आदि संस्कृतियों के बारे में पढ़ाया जाता था।

उन्होंने शांतिनिकेतन के बारे में देश के लोगों को जानकारी देने के लिए इस विद्यालय के संगीतकारों और नर्तकों के साथ पूरे भारत की यात्रा की। सहयोग लेने के लिए उन्होंने 1920–1921 में यूरोप और अमेरिका की भी यात्रा की। उनकी सोच का पूरी दुनिया में स्वागत किया गया।

विश्व भारती की स्थापना ऐसे विश्वविद्यालय के रूप में की गई थी जहाँ पूरी दुनिया के मस्तिष्कों का मेल हो, विभिन्न संस्कृतियों के लोग आपस में मिलें और एक दूसरे में समाहित हो जाएँ।

रवींद्रनाथ के प्रयासों के फलस्वरूप 1921 के बाद से देश और विदेश के विभिन्न हिस्सों से प्राध्यापक, पुरातत्वविद, संगीतकार और चित्रकार शांतिनिकेतन आने लगे। ये लोग वहाँ व्याख्यान भी देते और संवाद भी करते। विश्वविद्यालय के उर्वर परिवेश में वे अपने अनुसंधान भी करते।

श्रीनिकेतन

इसी विचार को और आगे बढ़ाते हुए रवींद्रनाथ ने 1922 में ग्रामीण इलाके में श्रीनिकेतन की स्थापना की।

इसका उद्देश्य शांतिनिकेतन के विद्यार्थियों को बंगाल के उपेक्षित गाँवों और कृषक जीवन से जोड़ना तथा उनके अंदर

इन लोगों की भलाई और जीवन स्तर सुधारने की नैतिक ज़िम्मेदारी का भाव पैदा करना था।

रवींद्रनाथ ने अपने बेटे रथींद्रनाथ और दामाद नागेंद्रनाथ को कृषि, दुग्ध उत्पादन और पशुपालन के आधुनिक वैज्ञानिक तरीके सीखने के लिए अमेरिका भेजा, ताकि वे नई तरह की विशेषज्ञता हासिल करके श्रीनिकेतन का सहयोग कर सकें।

कृषि विशेषज्ञ लियोनार्ड एमहर्स्ट भी श्रीनिकेतन की आधारशिला तैयार करने में मदद के लिए आए थे। उनकी पत्नी ने भी कई सालों तक उदारतापूर्वक श्रीनिकेतन को आर्थिक सहायता दी।

रवींद्रनाथ ने उन तरीकों को मूर्त रूप दिया जिससे किसान सड़क निर्माण, स्वच्छता सुधार तथा कृषि उत्पादन के ज़रिए आत्म–निर्भर बन सकें। उन्होंने गाँव में सहकारिता इकाइयाँ स्थापित करके स्व–वित्त को भी प्रोत्साहित किया।

श्रीनिकेतन केंद्र में कृषि विशेषज्ञों, चिकित्सकों, स्वास्थ्य कर्मियों और अन्य लोगों की टीम रहती थी जो ग्रामीण लोगों की सहायता के लिए तत्पर होती थी। यह संभवतः पहली बार हुआ था जब किसी ने भारत के गाँवों की दशा सुधारने के लिए इतने रचनात्मक और सहृदयता के साथ सोचा था।

गुरुदेव

अपने जीवनकाल में रवींद्रनाथ ने अनेक कविताएँ लिखीं जो *मानसी, सोनार तोरी, गीतांजलि, बालका* जैसे संग्रहों में प्रकाशित हुईं। *डाकघर, अचलायतन, मुक्तधारा* उनके नाटक हैं, *घरे–बायरे, गोरा, चतुरंग* उनके कहानी–संग्रह और उपन्यास हैं। उन्होंने अनेक निबंध, यात्रा वृतांत, नृत्य नाटिकाएँ भी लिखीं। *छेलेबेला* और *जीवनस्मृति* उनकी आत्मकथाएँ हैं। वे एक आधुनिक चित्रकार भी थे। आमतौर पर उन्होंने उन हिस्सों को चित्रकला के रूप में प्रस्तुत किया जो लेखन में छूट जाते थे।

उन्होंने 2,000 से अधिक गीतों की रचना की और उनकी धुनें तैयार कीं। इनमें उन्होंने मानव जीवन के हर विचारणीय दौर की मानसिक स्थिति को व्यक्त किया और राह दिखाई। बंगाल में आज भी उनके गीतों को गाया जाता है और जीवन में उतारा जाता है। उनके रचे दो गीत दो देशों में राष्ट्र–गान के रूप में स्वीकार किए गए। भारत के राष्ट्रगान और बांग्लादेश के राष्ट्रगान के रचयिता रवींद्रनाथ टैगोर ही हैं।

रवींद्रनाथ अनेक प्रकार की प्रतिभाओं से युक्त दुर्लभ महापुरुष थे। पीड़ितों के लिए सहानुभूति, विनम्रता और अंतर्बुद्धि के कारण उन्होंने सम्मान और महात्मा गाँधी जैसे महान व्यक्तियों का सानिध्य अर्जित किया। महात्मा गाँधी उन्हें गुरुदेव कहा करते थे।

अपने महान कार्यों और विचारों के ज़रिए वे आज भी अमर हैं, और अपनी विरासत के जरिए ज्ञान तथा चेतना का प्रचार–प्रसार कर रहे हैं। इस महापुरुष का देहांत 7 अगस्त 1941 को हुआ था।

OTHER TITLES IN THIS SERIES